中华人民共和国反洗钱法
金融机构反洗钱规定
金融机构反洗钱和反恐怖融资监督管理办法
证券期货业反洗钱工作实施办法
保险业反洗钱工作管理办法

大字本

中国法治出版社

图书在版编目（CIP）数据

中华人民共和国反洗钱法　金融机构反洗钱规定　金融机构反洗钱和反恐怖融资监督管理办法　证券期货业反洗钱工作实施办法　保险业反洗钱工作管理办法：大字本 / 中国法治出版社编. -- 北京 : 中国法治出版社, 2024.11. -- ISBN 978-7-5216-4798-3

Ⅰ. D922.280.9

中国国家版本馆 CIP 数据核字第 2024P9B651 号

中华人民共和国反洗钱法　金融机构反洗钱规定　金融机构反洗钱和反恐怖融资监督管理办法　证券期货业反洗钱工作实施办法　保险业反洗钱工作管理办法：大字本
ZHONGHUA RENMIN GONGHEGUO FANXIQIANFA　JINRONG JIGOU FANXIQIAN GUIDING　JINRONG JIGOU FANXIQIAN HE FANKONGBU RONGZI JIANDU GUANLI BANFA　ZHENGQUAN QIHUOYE FANXIQIAN GONGZUO SHISHI BANFA　BAOXIANYE FANXIQIAN GONGZUO GUANLI BANFA：DAZIBEN

经销/新华书店
印刷/三河市紫恒印装有限公司
开本/880 毫米×1230 毫米　32 开　　　　　　印张/3　字数/34 千
版次/2024 年 11 月第 1 版　　　　　　　　　2024 年 11 月第 1 次印刷

中国法治出版社出版
书号 ISBN 978-7-5216-4798-3　　　　　　　　　定价：12.00 元
北京市西城区西便门西里甲 16 号西便门办公区
邮政编码：100053　　　　　　　　　　　　传真：010-63141600
网址：http://www.zgfzs.com　　　　　　　编辑部电话：010-63141799
市场营销部电话：010-63141612　　　　　　印务部电话：010-63141606

（如有印装质量问题，请与本社印务部联系。）

目　录

中华人民共和国反洗钱法 …………………… （1）

金融机构反洗钱规定 …………………………… （34）

金融机构反洗钱和反恐怖融资监督管理
　办法 ……………………………………… （47）

证券期货业反洗钱工作实施办法 …………… （70）

保险业反洗钱工作管理办法 ………………… （79）

中华人民共和国反洗钱法

（2006年10月31日第十届全国人民代表大会常务委员会第二十四次会议通过 2024年11月8日第十四届全国人民代表大会常务委员会第十二次会议修订 2024年11月8日中华人民共和国主席令第38号公布 自2025年1月1日起施行）

目　　录

第一章　总　　则

第二章　反洗钱监督管理

第三章　反洗钱义务

第四章　反洗钱调查

第五章　反洗钱国际合作

第六章　法律责任

第七章　附　　则

第一章　总　　则

第一条　为了预防洗钱活动，遏制洗钱以及相关犯罪，加强和规范反洗钱工作，维护金融秩序、社会公共利益和国家安全，根据宪法，制定本法。

第二条　本法所称反洗钱，是指为了预防通过各种方式掩饰、隐瞒毒品犯罪、黑社会性质的组织犯罪、恐怖活动犯罪、走私犯罪、贪污贿赂犯罪、破坏金融管理秩序犯罪、金融诈骗犯罪和其他犯罪所得及其收益的来源、性质的洗钱活动，依照本法规定采取相关措施的行为。

预防恐怖主义融资活动适用本法；其他法律另有规定的，适用其规定。

第三条　反洗钱工作应当贯彻落实党和国家路线方针政策、决策部署，坚持总体国家安全观，完善监督管理体制机制，健全风险防控体系。

第四条 反洗钱工作应当依法进行,确保反洗钱措施与洗钱风险相适应,保障正常金融服务和资金流转顺利进行,维护单位和个人的合法权益。

第五条 国务院反洗钱行政主管部门负责全国的反洗钱监督管理工作。国务院有关部门在各自的职责范围内履行反洗钱监督管理职责。

国务院反洗钱行政主管部门、国务院有关部门、监察机关和司法机关在反洗钱工作中应当相互配合。

第六条 在中华人民共和国境内(以下简称境内)设立的金融机构和依照本法规定应当履行反洗钱义务的特定非金融机构,应当依法采取预防、监控措施,建立健全反洗钱内部控制制度,履行客户尽职调查、客户身份资料和交易记录保存、大额交易和可疑交易报告、反洗钱特别预防措施等反洗钱义务。

第七条 对依法履行反洗钱职责或者义务获得的客户身份资料和交易信息、反洗钱调查信息等反洗钱信息,应当予以保密;非依法律规定,不得向任何单位和个人提供。

反洗钱行政主管部门和其他依法负有反洗钱监督管理职责的部门履行反洗钱职责获得的客户身份资料和交易信息，只能用于反洗钱监督管理和行政调查工作。

司法机关依照本法获得的客户身份资料和交易信息，只能用于反洗钱相关刑事诉讼。

国家有关机关使用反洗钱信息应当依法保护国家秘密、商业秘密和个人隐私、个人信息。

第八条　履行反洗钱义务的机构及其工作人员依法开展提交大额交易和可疑交易报告等工作，受法律保护。

第九条　反洗钱行政主管部门会同国家有关机关通过多种形式开展反洗钱宣传教育活动，向社会公众宣传洗钱活动的违法性、危害性及其表现形式等，增强社会公众对洗钱活动的防范意识和识别能力。

第十条　任何单位和个人不得从事洗钱活动或者为洗钱活动提供便利，并应当配合金融机构和特定非金融机构依法开展的客户尽职调查。

第十一条　任何单位和个人发现洗钱活动，有权向反洗钱行政主管部门、公安机关或者其他有关国家机关举报。接受举报的机关应当对举报人和举报内容保密。

对在反洗钱工作中做出突出贡献的单位和个人，按照国家有关规定给予表彰和奖励。

第十二条　在中华人民共和国境外（以下简称境外）的洗钱和恐怖主义融资活动，危害中华人民共和国主权和安全，侵犯中华人民共和国公民、法人和其他组织合法权益，或者扰乱境内金融秩序的，依照本法以及相关法律规定处理并追究法律责任。

第二章　反洗钱监督管理

第十三条　国务院反洗钱行政主管部门组织、协调全国的反洗钱工作，负责反洗钱的资金监测，制定或者会同国务院有关金融管理部门制定金融机构反洗钱管理规定，监督检查金融机构履行反洗钱义务的情况，在职责范围内调查可疑交易活动，履行法律和国务院规定的有关反洗钱的其他职责。

国务院反洗钱行政主管部门的派出机构在国务院反洗钱行政主管部门的授权范围内，对金融机构履行反洗钱义务的情况进行监督检查。

第十四条 国务院有关金融管理部门参与制定所监督管理的金融机构反洗钱管理规定，履行法律和国务院规定的有关反洗钱的其他职责。

有关金融管理部门应当在金融机构市场准入中落实反洗钱审查要求，在监督管理工作中发现金融机构违反反洗钱规定的，应当将线索移送反洗钱行政主管部门，并配合其进行处理。

第十五条 国务院有关特定非金融机构主管部门制定或者国务院反洗钱行政主管部门会同其制定特定非金融机构反洗钱管理规定。

有关特定非金融机构主管部门监督检查特定非金融机构履行反洗钱义务的情况，处理反洗钱行政主管部门提出的反洗钱监督管理建议，履行法律和国务院规定的有关反洗钱的其他职责。有关特定非金融机构主管部门根据需要，可以请求反洗钱行政主管部门协助其监督检查。

第十六条　国务院反洗钱行政主管部门设立反洗钱监测分析机构。反洗钱监测分析机构开展反洗钱资金监测，负责接收、分析大额交易和可疑交易报告，移送分析结果，并按照规定向国务院反洗钱行政主管部门报告工作情况，履行国务院反洗钱行政主管部门规定的其他职责。

反洗钱监测分析机构根据依法履行职责的需要，可以要求履行反洗钱义务的机构提供与大额交易和可疑交易相关的补充信息。

反洗钱监测分析机构应当健全监测分析体系，根据洗钱风险状况有针对性地开展监测分析工作，按照规定向履行反洗钱义务的机构反馈可疑交易报告使用情况，不断提高监测分析水平。

第十七条　国务院反洗钱行政主管部门为履行反洗钱职责，可以从国家有关机关获取所必需的信息，国家有关机关应当依法提供。

国务院反洗钱行政主管部门应当向国家有关机关定期通报反洗钱工作情况，依法向履行与反洗钱相关的监督管理、行政调查、监察调查、刑事诉讼等职责的国家有关机关提供所必需的反洗钱信息。

第十八条 出入境人员携带的现金、无记名支付凭证等超过规定金额的，应当按照规定向海关申报。海关发现个人出入境携带的现金、无记名支付凭证等超过规定金额的，应当及时向反洗钱行政主管部门通报。

前款规定的申报范围、金额标准以及通报机制等，由国务院反洗钱行政主管部门、国务院外汇管理部门按照职责分工会同海关总署规定。

第十九条 国务院反洗钱行政主管部门会同国务院有关部门建立法人、非法人组织受益所有人信息管理制度。

法人、非法人组织应当保存并及时更新受益所有人信息，按照规定向登记机关如实提交并及时更新受益所有人信息。反洗钱行政主管部门、登记机关按照规定管理受益所有人信息。

反洗钱行政主管部门、国家有关机关为履行职责需要，可以依法使用受益所有人信息。金融机构和特定非金融机构在履行反洗钱义务时依法查询核对受益所有人信息；发现受益所有人信息错误、不一致或者不完整的，应当按照规定进行反馈。使用受益所有人信息应当依法保护信息安全。

本法所称法人、非法人组织的受益所有人，是指最终拥有或者实际控制法人、非法人组织，或者享有法人、非法人组织最终收益的自然人。具体认定标准由国务院反洗钱行政主管部门会同国务院有关部门制定。

第二十条　反洗钱行政主管部门和其他依法负有反洗钱监督管理职责的部门发现涉嫌洗钱以及相关违法犯罪的交易活动，应当将线索和相关证据材料移送有管辖权的机关处理。接受移送的机关应当按照有关规定反馈处理结果。

第二十一条　反洗钱行政主管部门为依法履行监督管理职责，可以要求金融机构报送履行反洗钱义务情况，对金融机构实施风险监测、评估，并就金融机构执行本法以及相关管理规定的情况进行评价。必要时可以按照规定约谈金融机构的董事、监事、高级管理人员以及反洗钱工作直接负责人，要求其就有关事项说明情况；对金融机构履行反洗钱义务存在的问题进行提示。

第二十二条　反洗钱行政主管部门进行监督检查时，可以采取下列措施：

（一）进入金融机构进行检查；

（二）询问金融机构的工作人员，要求其对有关被检查事项作出说明；

（三）查阅、复制金融机构与被检查事项有关的文件、资料，对可能被转移、隐匿或者毁损的文件、资料予以封存；

（四）检查金融机构的计算机网络与信息系统，调取、保存金融机构的计算机网络与信息系统中的有关数据、信息。

进行前款规定的监督检查，应当经国务院反洗钱行政主管部门或者其设区的市级以上派出机构负责人批准。检查人员不得少于二人，并应当出示执法证件和检查通知书；检查人员少于二人或者未出示执法证件和检查通知书的，金融机构有权拒绝接受检查。

第二十三条　国务院反洗钱行政主管部门会同国家有关机关评估国家、行业面临的洗钱风险，发布洗钱风险指引，加强对履行反洗钱义务的机构指导，支持和鼓励反洗钱领域技术创新，及时监测与新领域、新业态相关的新型洗钱风险，根据洗钱风险状况优化资源配置，完善监督管理措施。

第二十四条　对存在严重洗钱风险的国家或者地区，国务院反洗钱行政主管部门可以在征求国家有关机关意见的基础上，经国务院批准，将其列为洗钱高风险国家或者地区，并采取相应措施。

第二十五条　履行反洗钱义务的机构可以依法成立反洗钱自律组织。反洗钱自律组织与相关行业自律组织协同开展反洗钱领域的自律管理。

反洗钱自律组织接受国务院反洗钱行政主管部门的指导。

第二十六条　提供反洗钱咨询、技术、专业能力评价等服务的机构及其工作人员，应当勤勉尽责、恪尽职守地提供服务；对于因提供服务获得的数据、信息，应当依法妥善处理，确保数据、信息安全。

国务院反洗钱行政主管部门应当加强对上述机构开展反洗钱有关服务工作的指导。

第三章　反洗钱义务

第二十七条　金融机构应当依照本法规定建立健全反洗钱内部控制制度，设立专门机构或者指定内设机构牵头负责反洗钱工作，根据经营规模和洗钱风险状况配备相应的人员，按照要求开展反洗钱培训和宣传。

金融机构应当定期评估洗钱风险状况并制定相应的风险管理制度和流程，根据需要建立相关信息系统。

金融机构应当通过内部审计或者社会审计等方式，监督反洗钱内部控制制度的有效实施。

金融机构的负责人对反洗钱内部控制制度的有效实施负责。

第二十八条　金融机构应当按照规定建立客户

尽职调查制度。

金融机构不得为身份不明的客户提供服务或者与其进行交易，不得为客户开立匿名账户或者假名账户，不得为冒用他人身份的客户开立账户。

第二十九条　有下列情形之一的，金融机构应当开展客户尽职调查：

（一）与客户建立业务关系或者为客户提供规定金额以上的一次性金融服务；

（二）有合理理由怀疑客户及其交易涉嫌洗钱活动；

（三）对先前获得的客户身份资料的真实性、有效性、完整性存在疑问。

客户尽职调查包括识别并采取合理措施核实客户及其受益所有人身份，了解客户建立业务关系和交易的目的，涉及较高洗钱风险的，还应当了解相关资金来源和用途。

金融机构开展客户尽职调查，应当根据客户特征和交易活动的性质、风险状况进行，对于涉及较低洗钱风险的，金融机构应当根据情况简化客户尽职调查。

第三十条 在业务关系存续期间，金融机构应当持续关注并评估客户整体状况及交易情况，了解客户的洗钱风险。发现客户进行的交易与金融机构所掌握的客户身份、风险状况等不符的，应当进一步核实客户及其交易有关情况；对存在洗钱高风险情形的，必要时可以采取限制交易方式、金额或者频次，限制业务类型，拒绝办理业务，终止业务关系等洗钱风险管理措施。

金融机构采取洗钱风险管理措施，应当在其业务权限范围内按照有关管理规定的要求和程序进行，平衡好管理洗钱风险与优化金融服务的关系，不得采取与洗钱风险状况明显不相匹配的措施，保障与客户依法享有的医疗、社会保障、公用事业服务等相关的基本的、必需的金融服务。

第三十一条 客户由他人代理办理业务的，金融机构应当按照规定核实代理关系，识别并核实代理人的身份。

金融机构与客户订立人身保险、信托等合同，合同的受益人不是客户本人的，金融机构应当识别并核实受益人的身份。

第三十二条　金融机构依托第三方开展客户尽职调查的，应当评估第三方的风险状况及其履行反洗钱义务的能力。第三方具有较高风险情形或者不具备履行反洗钱义务能力的，金融机构不得依托其开展客户尽职调查。

金融机构应当确保第三方已经采取符合本法要求的客户尽职调查措施。第三方未采取符合本法要求的客户尽职调查措施的，由该金融机构承担未履行客户尽职调查义务的法律责任。

第三方应当向金融机构提供必要的客户尽职调查信息，并配合金融机构持续开展客户尽职调查。

第三十三条　金融机构进行客户尽职调查，可以通过反洗钱行政主管部门以及公安、市场监督管理、民政、税务、移民管理、电信管理等部门依法核实客户身份等有关信息，相关部门应当依法予以支持。

国务院反洗钱行政主管部门应当协调推动相关

部门为金融机构开展客户尽职调查提供必要的便利。

第三十四条　金融机构应当按照规定建立客户身份资料和交易记录保存制度。

在业务关系存续期间，客户身份信息发生变更的，应当及时更新。

客户身份资料在业务关系结束后、客户交易信息在交易结束后，应当至少保存十年。

金融机构解散、被撤销或者被宣告破产时，应当将客户身份资料和客户交易信息移交国务院有关部门指定的机构。

第三十五条　金融机构应当按照规定执行大额交易报告制度，客户单笔交易或者在一定期限内的累计交易超过规定金额的，应当及时向反洗钱监测分析机构报告。

金融机构应当按照规定执行可疑交易报告制度，制定并不断优化监测标准，有效识别、分析可疑交易活动，及时向反洗钱监测分析机构提交可疑交易报告；提交可疑交易报告的情况应当保密。

第三十六条　金融机构应当在反洗钱行政主管

部门的指导下,关注、评估运用新技术、新产品、新业务等带来的洗钱风险,根据情形采取相应措施,降低洗钱风险。

第三十七条 在境内外设有分支机构或者控股其他金融机构的金融机构,以及金融控股公司,应当在总部或者集团层面统筹安排反洗钱工作。为履行反洗钱义务在公司内部、集团成员之间共享必要的反洗钱信息的,应当明确信息共享机制和程序。共享反洗钱信息,应当符合有关信息保护的法律规定,并确保相关信息不被用于反洗钱和反恐怖主义融资以外的用途。

第三十八条 与金融机构存在业务关系的单位和个人应当配合金融机构的客户尽职调查,提供真实有效的身份证件或者其他身份证明文件,准确、完整填报身份信息,如实提供与交易和资金相关的资料。

单位和个人拒不配合金融机构依照本法采取的合理的客户尽职调查措施的,金融机构按照规定的程序,可以采取限制或者拒绝办理业务、终止业务关系等洗钱风险管理措施,并根据情况提交可疑交易报告。

第三十九条 单位和个人对金融机构采取洗钱风险管理措施有异议的,可以向金融机构提出。金融机构应当在十五日内进行处理,并将结果答复当事人;涉及客户基本的、必需的金融服务的,应当及时处理并答复当事人。相关单位和个人逾期未收到答复,或者对处理结果不满意的,可以向反洗钱行政主管部门投诉。

前款规定的单位和个人对金融机构采取洗钱风险管理措施有异议的,也可以依法直接向人民法院提起诉讼。

第四十条 任何单位和个人应当按照国家有关机关要求对下列名单所列对象采取反洗钱特别预防措施:

(一)国家反恐怖主义工作领导机构认定并由其办事机构公告的恐怖活动组织和人员名单;

(二)外交部发布的执行联合国安理会决议通知中涉及定向金融制裁的组织和人员名单;

（三）国务院反洗钱行政主管部门认定或者会同国家有关机关认定的，具有重大洗钱风险、不采取措施可能造成严重后果的组织和人员名单。

对前款第一项规定的名单有异议的，当事人可以依照《中华人民共和国反恐怖主义法》的规定申请复核。对前款第二项规定的名单有异议的，当事人可以按照有关程序提出从名单中除去的申请。对前款第三项规定的名单有异议的，当事人可以向作出认定的部门申请行政复议；对行政复议决定不服的，可以依法提起行政诉讼。

反洗钱特别预防措施包括立即停止向名单所列对象及其代理人、受其指使的组织和人员、其直接或者间接控制的组织提供金融等服务或者资金、资产，立即限制相关资金、资产转移等。

第一款规定的名单所列对象可以按照规定向国家有关机关申请使用被限制的资金、资产用于单位和个人的基本开支及其他必需支付的费用。采取反洗钱特别预防措施应当保护善意第三人合法权益，善意第三人可以依法进行权利救济。

第四十一条 金融机构应当识别、评估相关风险并制定相应的制度，及时获取本法第四十条第一款规定的名单，对客户及其交易对象进行核查，采取相应措施，并向反洗钱行政主管部门报告。

第四十二条 特定非金融机构在从事规定的特定业务时，参照本章关于金融机构履行反洗钱义务的相关规定，根据行业特点、经营规模、洗钱风险状况履行反洗钱义务。

第四章 反洗钱调查

第四十三条 国务院反洗钱行政主管部门或者其设区的市级以上派出机构发现涉嫌洗钱的可疑交易活动或者违反本法规定的其他行为，需要调查核实的，经国务院反洗钱行政主管部门或者其设区的市级以上派出机构负责人批准，可以向金融机构、特定非金融机构发出调查通知书，开展反洗钱调查。

反洗钱行政主管部门开展反洗钱调查，涉及特定非金融机构的,必要时可以请求有关特定非金融机构主管部门予以协助。

金融机构、特定非金融机构应当配合反洗钱调查,在规定时限内如实提供有关文件、资料。

开展反洗钱调查,调查人员不得少于二人,并应当出示执法证件和调查通知书;调查人员少于二人或者未出示执法证件和调查通知书的,金融机构、特定非金融机构有权拒绝接受调查。

第四十四条 国务院反洗钱行政主管部门或者其设区的市级以上派出机构开展反洗钱调查,可以采取下列措施:

(一)询问金融机构、特定非金融机构有关人员,要求其说明情况;

(二)查阅、复制被调查对象的账户信息、交易记录和其他有关资料;

(三)对可能被转移、隐匿、篡改或者毁损的文件、资料予以封存。

询问应当制作询问笔录。询问笔录应当交被询问人核对。记载有遗漏或者差错的,被询问人可以要求补充或者更正。被询问人确认笔录无误后，应当签名或者盖章；调查人员也应当在笔录上签名。

调查人员封存文件、资料，应当会同金融机构、特定非金融机构的工作人员查点清楚，当场开列清单一式二份，由调查人员和金融机构、特定非金融机构的工作人员签名或者盖章，一份交金融机构或者特定非金融机构，一份附卷备查。

第四十五条 经调查仍不能排除洗钱嫌疑或者发现其他违法犯罪线索的，应当及时向有管辖权的机关移送。接受移送的机关应当按照有关规定反馈处理结果。

客户转移调查所涉及的账户资金的，国务院反洗钱行政主管部门认为必要时，经其负责人批准，可以采取临时冻结措施。

接受移送的机关接到线索后，对已依照前款规定临时冻结的资金，应当及时决定是否继续冻结。接受移送的机关认为需要继续冻结的，依照相关法律规定采取冻结措施；认为不需要继续冻结的，应当立即通知国务院反洗钱行政主管部门，国务院反洗钱行政主管部门应当立即通知金融机构解除冻结。

临时冻结不得超过四十八小时。金融机构在按照国务院反洗钱行政主管部门的要求采取临时冻结措施后四十八小时内,未接到国家有关机关继续冻结通知的,应当立即解除冻结。

第五章　反洗钱国际合作

第四十六条　中华人民共和国根据缔结或者参加的国际条约,或者按照平等互惠原则,开展反洗钱国际合作。

第四十七条　国务院反洗钱行政主管部门根据国务院授权,负责组织、协调反洗钱国际合作,代表中国政府参与有关国际组织活动,依法与境外相关机构开展反洗钱合作,交换反洗钱信息。

国家有关机关依法在职责范围内开展反洗钱国际合作。

第四十八条　涉及追究洗钱犯罪的司法协助,依照《中华人民共和国国际刑事司法协助法》以及有关法律的规定办理。

第四十九条 国家有关机关在依法调查洗钱和恐怖主义融资活动过程中，按照对等原则或者经与有关国家协商一致，可以要求在境内开立代理行账户或者与我国存在其他密切金融联系的境外金融机构予以配合。

第五十条 外国国家、组织违反对等、协商一致原则直接要求境内金融机构提交客户身份资料、交易信息，扣押、冻结、划转境内资金、资产，或者作出其他行动的，金融机构不得擅自执行，并应当及时向国务院有关金融管理部门报告。

除前款规定外，外国国家、组织基于合规监管的需要，要求境内金融机构提供概要性合规信息、经营信息等信息的，境内金融机构向国务院有关金融管理部门和国家有关机关报告后可以提供或者予以配合。

前两款规定的资料、信息涉及重要数据和个人信息的，还应当符合国家数据安全管理、个人信息保护有关规定。

第六章 法 律 责 任

第五十一条 反洗钱行政主管部门和其他依法负有反洗钱监督管理职责的部门从事反洗钱工作的人员有下列行为之一的，依法给予处分：

（一）违反规定进行检查、调查或者采取临时冻结措施；

（二）泄露因反洗钱知悉的国家秘密、商业秘密或者个人隐私、个人信息；

（三）违反规定对有关机构和人员实施行政处罚；

（四）其他不依法履行职责的行为。

其他国家机关工作人员有前款第二项行为的，依法给予处分。

第五十二条 金融机构有下列情形之一的，由国务院反洗钱行政主管部门或者其设区的市级以上派出机构责令限期改正；情节较重的，给予警告或者处二十万元以下罚款；情节严重或者逾期未改正的，处二十万元以上二百万元以下罚款，可以根据情形在职责范围内或者建议有关金融管理部门限制或者禁止其开展相关业务：

（一）未按照规定制定、完善反洗钱内部控制制度规范；

（二）未按照规定设立专门机构或者指定内设机构牵头负责反洗钱工作；

（三）未按照规定根据经营规模和洗钱风险状况配备相应人员；

（四）未按照规定开展洗钱风险评估或者健全相应的风险管理制度；

（五）未按照规定制定、完善可疑交易监测标准；

（六）未按照规定开展反洗钱内部审计或者社会审计；

（七）未按照规定开展反洗钱培训；

（八）应当建立反洗钱相关信息系统而未建立，或者未按照规定完善反洗钱相关信息系统；

（九）金融机构的负责人未能有效履行反洗钱职责。

第五十三条　金融机构有下列行为之一的，由国务院反洗钱行政主管部门或者其设区的市级以上派出机构责令限期改正，可以给予警告或者处二十万元以下罚款；情节严重或者逾期未改正的，处二十万元以上二百万元以下罚款：

（一）未按照规定开展客户尽职调查；

（二）未按照规定保存客户身份资料和交易记录；

（三）未按照规定报告大额交易；

（四）未按照规定报告可疑交易。

第五十四条　金融机构有下列行为之一的，由国务院反洗钱行政主管部门或者其设区的市级以上派出机构责令限期改正，处五十万元以下罚款；情节严重的，处五十万元以上五百万元以下罚款，可以根据情形在职责范围内或者建议有关金融管理部门限制或者禁止其开展相关业务：

（一）为身份不明的客户提供服务、与其进行交易，为客户开立匿名账户、假名账户，或者为冒用他人身份的客户开立账户；

（二）未按照规定对洗钱高风险情形采取相应洗

钱风险管理措施；

（三）未按照规定采取反洗钱特别预防措施；

（四）违反保密规定，查询、泄露有关信息；

（五）拒绝、阻碍反洗钱监督管理、调查，或者故意提供虚假材料；

（六）篡改、伪造或者无正当理由删除客户身份资料、交易记录；

（七）自行或者协助客户以拆分交易等方式故意逃避履行反洗钱义务。

第五十五条 金融机构有本法第五十三条、第五十四条规定的行为，致使犯罪所得及其收益通过本机构得以掩饰、隐瞒的，或者致使恐怖主义融资后果发生的，由国务院反洗钱行政主管部门或者其设区的市级以上派出机构责令限期改正，涉及金额不足一千万元的，处五十万元以上一千万元以下罚款；涉及金额一千万元以上的，处涉及金额百分之二十以上二倍以下罚款；情节严重的，可以根据情形在职责范围内实施或者建议有关金融管理部门实施限制、禁止其开展相关业务，或者责令停业整顿、吊销经营许可证等处罚。

第五十六条　国务院反洗钱行政主管部门或者其设区的市级以上派出机构依照本法第五十二条至第五十四条规定对金融机构进行处罚的,还可以根据情形对负有责任的董事、监事、高级管理人员或者其他直接责任人员,给予警告或者处二十万元以下罚款;情节严重的,可以根据情形在职责范围内实施或者建议有关金融管理部门实施取消其任职资格、禁止其从事有关金融行业工作等处罚。

国务院反洗钱行政主管部门或者其设区的市级以上派出机构依照本法第五十五条规定对金融机构进行处罚的,还可以根据情形对负有责任的董事、监事、高级管理人员或者其他直接责任人员,处二十万元以上一百万元以下罚款;情节严重的,可以根据情形在职责范围内实施或者建议有关金融管理部门实施取消其任职资格、禁止其从事有关金融行业工作等处罚。

前两款规定的金融机构董事、监事、高级管理人员或者其他直接责任人员能够证明自己已经勤勉尽责采取反洗钱措施的，可以不予处罚。

第五十七条 金融机构违反本法第五十条规定擅自采取行动的，由国务院有关金融管理部门处五十万元以下罚款；情节严重的，处五十万元以上五百万元以下罚款；造成损失的，并处所造成直接经济损失一倍以上五倍以下罚款。对负有责任的董事、监事、高级管理人员或者其他直接责任人员，可以由国务院有关金融管理部门给予警告或者处五十万元以下罚款。

境外金融机构违反本法第四十九条规定，对国家有关机关的调查不予配合的，由国务院反洗钱行政主管部门依照本法第五十四条、第五十六条规定进行处罚，并可以根据情形将其列入本法第四十条第一款第三项规定的名单。

第五十八条 特定非金融机构违反本法规定的，由有关特定非金融机构主管部门责令限期改正；情节较重的，给予警告或者处五万元以下罚款；情节严重或者逾期未改正的，处五万元以上五十万元以下罚款；对有关负责人，可以给予警告或者处五万元以下罚款。

第五十九条 金融机构、特定非金融机构以外的单位和个人未依照本法第四十条规定履行反洗钱特别预防措施义务的，由国务院反洗钱行政主管部门或者其设区的市级以上派出机构责令限期改正；情节严重的，对单位给予警告或者处二十万元以下罚款，对个人给予警告或者处五万元以下罚款。

第六十条 法人、非法人组织未按照规定向登记机关提交受益所有人信息的，由登记机关责令限期改正；拒不改正的，处五万元以下罚款。向登记机关提交虚假或者不实的受益所有人信息，或者未按照规定及时更新受益所有人信息的，由国务院反洗钱行政主管部门或者其设区的市级以上派出机构责令限期改正；拒不改正的，处五万元以下罚款。

第六十一条 国务院反洗钱行政主管部门应当综合考虑金融机构的经营规模、内部控制制度执行情况、勤勉尽责程度、违法行为持续时间、危害程度以及整改情况等因素，制定本法相关行政处罚裁量基准。

第六十二条 违反本法规定，构成犯罪的，依法追究刑事责任。

利用金融机构、特定非金融机构实施或者通过非法渠道实施洗钱犯罪的，依法追究刑事责任。

第七章 附 则

第六十三条 在境内设立的下列机构，履行本法规定的金融机构反洗钱义务：

（一）银行业、证券基金期货业、保险业、信托业金融机构；

（二）非银行支付机构；

（三）国务院反洗钱行政主管部门确定并公布的其他从事金融业务的机构。

第六十四条 在境内设立的下列机构，履行本法规定的特定非金融机构反洗钱义务：

（一）提供房屋销售、房屋买卖经纪服务的房地产开发企业或者房地产中介机构；

（二）接受委托为客户办理买卖不动产，代管资金、证券或者其他资产，代管银行账户、证券账户，为成立、运营企业筹措资金以及代理买卖经营性实体业务的会计师事务所、律师事务所、公证机构；

（三）从事规定金额以上贵金属、宝石现货交易的交易商；

（四）国务院反洗钱行政主管部门会同国务院有关部门根据洗钱风险状况确定的其他需要履行反洗钱义务的机构。

第六十五条　本法自2025年1月1日起施行。

金融机构反洗钱规定

(2006年11月14日中国人民银行令〔2006〕第1号公布 自2007年1月1日起施行)

第一条 为了预防洗钱活动,规范反洗钱监督管理行为和金融机构的反洗钱工作,维护金融秩序,根据《中华人民共和国反洗钱法》、《中华人民共和国中国人民银行法》等有关法律、行政法规,制定本规定。

第二条 本规定适用于在中华人民共和国境内依法设立的下列金融机构:

(一)商业银行、城市信用合作社、农村信用合作社、邮政储汇机构、政策性银行;

(二)证券公司、期货经纪公司、基金管理公司;

(三)保险公司、保险资产管理公司;

（四）信托投资公司、金融资产管理公司、财务公司、金融租赁公司、汽车金融公司、货币经纪公司；

（五）中国人民银行确定并公布的其他金融机构。

从事汇兑业务、支付清算业务和基金销售业务的机构适用本规定对金融机构反洗钱监督管理的规定。

第三条　中国人民银行是国务院反洗钱行政主管部门，依法对金融机构的反洗钱工作进行监督管理。中国银行业监督管理委员会、中国证券监督管理委员会、中国保险监督管理委员会在各自的职责范围内履行反洗钱监督管理职责。

中国人民银行在履行反洗钱职责过程中，应当与国务院有关部门、机构和司法机关相互配合。

第四条　中国人民银行根据国务院授权代表中国政府开展反洗钱国际合作。中国人民银行可以和其他国家或者地区的反洗钱机构建立合作机制，实施跨境反洗钱监督管理。

第五条　中国人民银行依法履行下列反洗钱监督管理职责：

（一）制定或者会同中国银行业监督管理委员

会、中国证券监督管理委员会和中国保险监督管理委员会制定金融机构反洗钱规章；

（二）负责人民币和外币反洗钱的资金监测；

（三）监督、检查金融机构履行反洗钱义务的情况；

（四）在职责范围内调查可疑交易活动；

（五）向侦查机关报告涉嫌洗钱犯罪的交易活动；

（六）按照有关法律、行政法规的规定，与境外反洗钱机构交换与反洗钱有关的信息和资料；

（七）国务院规定的其他有关职责。

第六条 中国人民银行设立中国反洗钱监测分析中心，依法履行下列职责：

（一）接收并分析人民币、外币大额交易和可疑交易报告；

（二）建立国家反洗钱数据库，妥善保存金融机构提交的大额交易和可疑交易报告信息；

（三）按照规定向中国人民银行报告分析结果；

（四）要求金融机构及时补正人民币、外币大额交易和可疑交易报告；

（五）经中国人民银行批准，与境外有关机构交换信息、资料；

（六）中国人民银行规定的其他职责。

第七条 中国人民银行及其工作人员应当对依法履行反洗钱职责获得的信息予以保密，不得违反规定对外提供。

中国反洗钱监测分析中心及其工作人员应当对依法履行反洗钱职责获得的客户身份资料、大额交易和可疑交易信息予以保密；非依法律规定，不得向任何单位和个人提供。

第八条 金融机构及其分支机构应当依法建立健全反洗钱内部控制制度，设立反洗钱专门机构或者指定内设机构负责反洗钱工作，制定反洗钱内部操作规程和控制措施，对工作人员进行反洗钱培训，增强反洗钱工作能力。

金融机构及其分支机构的负责人应当对反洗钱内部控制制度的有效实施负责。

第九条 金融机构应当按照规定建立和实施客户身份识别制度。

（一）对要求建立业务关系或者办理规定金额以上的一次性金融业务的客户身份进行识别，要求客户出示真实有效的身份证件或者其他身份证明文件，进行核对并登记，客户身份信息发生变化时，应当及时予以更新；

（二）按照规定了解客户的交易目的和交易性质，有效识别交易的受益人；

（三）在办理业务中发现异常迹象或者对先前获得的客户身份资料的真实性、有效性、完整性有疑问的，应当重新识别客户身份；

（四）保证与其有代理关系或者类似业务关系的境外金融机构进行有效的客户身份识别，并可从该境外金融机构获得所需的客户身份信息。

前款规定的具体实施办法由中国人民银行会同中国银行业监督管理委员会、中国证券监督管理委员会和中国保险监督管理委员会制定。

第十条 金融机构应当在规定的期限内，妥善保存客户身份资料和能够反映每笔交易的数据信息、业务凭证、账簿等相关资料。

前款规定的具体实施办法由中国人民银行会同中国银行业监督管理委员会、中国证券监督管理委员会、中国保险监督管理委员会制定。

第十一条 金融机构应当按照规定向中国反洗钱监测分析中心报告人民币、外币大额交易和可疑交易。

前款规定的具体实施办法由中国人民银行另行制定。

第十二条 中国人民银行会同中国银行业监督管理委员会、中国证券监督管理委员会、中国保险监督管理委员会指导金融行业自律组织制定本行业的反洗钱工作指引。

第十三条 金融机构在履行反洗钱义务过程中,发现涉嫌犯罪的,应当及时以书面形式向中国人民银行当地分支机构和当地公安机关报告。

第十四条 金融机构及其工作人员应当依法协助、配合司法机关和行政执法机关打击洗钱活动。

金融机构的境外分支机构应当遵循驻在国家或者地区反洗钱方面的法律规定,协助配合驻在国家或者地区反洗钱机构的工作。

第十五条　金融机构及其工作人员对依法履行反洗钱义务获得的客户身份资料和交易信息应当予以保密；非依法律规定，不得向任何单位和个人提供。

金融机构及其工作人员应当对报告可疑交易、配合中国人民银行调查可疑交易活动等有关反洗钱工作信息予以保密，不得违反规定向客户和其他人员提供。

第十六条　金融机构及其工作人员依法提交大额交易和可疑交易报告，受法律保护。

第十七条　金融机构应当按照中国人民银行的规定，报送反洗钱统计报表、信息资料以及稽核审计报告中与反洗钱工作有关的内容。

第十八条　中国人民银行及其分支机构根据履行反洗钱职责的需要，可以采取下列措施进行反洗钱现场检查：

（一）进入金融机构进行检查；

（二）询问金融机构的工作人员，要求其对有关检查事项作出说明；

（三）查阅、复制金融机构与检查事项有关的文件、资料，并对可能被转移、销毁、隐匿或者篡改的文件资料予以封存；

（四）检查金融机构运用电子计算机管理业务数据的系统。

中国人民银行或者其分支机构实施现场检查前，应填写现场检查立项审批表，列明检查对象、检查内容、时间安排等内容，经中国人民银行或者其分支机构负责人批准后实施。

现场检查时，检查人员不得少于2人，并应出示执法证和检查通知书；检查人员少于2人或者未出示执法证和检查通知书的，金融机构有权拒绝检查。

现场检查后，中国人民银行或者其分支机构应当制作现场检查意见书，加盖公章，送达被检查机构。现场检查意见书的内容包括检查情况、检查评价、改进意见与措施。

第十九条 中国人民银行及其分支机构根据履行反洗钱职责的需要，可以与金融机构董事、高级管理人员谈话，要求其就金融机构履行反洗钱义务的重大事项作出说明。

第二十条 中国人民银行对金融机构实施现场检查，必要时将检查情况通报中国银行业监督管理委员会、中国证券监督管理委员会或者中国保险监督管理委员会。

第二十一条 中国人民银行或者其省一级分支机构发现可疑交易活动需要调查核实的，可以向金融机构调查可疑交易活动涉及的客户账户信息、交易记录和其他有关资料，金融机构及其工作人员应当予以配合。

前款所称中国人民银行或者其省一级分支机构包括中国人民银行总行、上海总部、分行、营业管理部、省会（首府）城市中心支行、副省级城市中心支行。

第二十二条 中国人民银行或者其省一级分支机构调查可疑交易活动，可以询问金融机构的工作人员，要求其说明情况；查阅、复制被调查的金融机构客户的账户信息、交易记录和其他有关资料；对可能被转移、隐藏、篡改或者毁损的文件、资料，可以封存。

调查可疑交易活动时，调查人员不得少于2人，并出示执法证和中国人民银行或者其省一级分支机构出具的调查通知书。查阅、复制、封存被调查的金融机构客户的账户信息、交易记录和其他有关资料，应当经中国人民银行或者其省一级分支机构负责人批准。调查人员违反规定程序的，金融机构有权拒绝调查。

询问应当制作询问笔录。询问笔录应当交被询问人核对。记载有遗漏或者差错的，被询问人可以要求补充或者更正。被询问人确认笔录无误后，应当签名或者盖章；调查人员也应当在笔录上签名。

调查人员封存文件、资料，应当会同在场的金融机构工作人员查点清楚，当场开列清单一式二份，由调查人员和在场的金融机构工作人员签名或者盖章，一份交金融机构，一份附卷备查。

第二十三条 经调查仍不能排除洗钱嫌疑的，应当立即向有管辖权的侦查机关报案。对客户要求将调查所涉及的账户资金转往境外的，金融机构应当立即向中国人民银行当地分支机构报告。经中国人民银行负责人批准，中国人民银行可以采取临时冻结措施，并以书面形式通知金融机构，金融机构接到通知后应当立即予以执行。

侦查机关接到报案后，认为需要继续冻结的，金融机构在接到侦查机关继续冻结的通知后，应当予以配合。侦查机关认为不需要继续冻结的，中国人民银行在接到侦查机关不需要继续冻结的通知后，应当立即以书面形式通知金融机构解除临时冻结。

临时冻结不得超过48小时。金融机构在按照中国人民银行的要求采取临时冻结措施后48小时内，未接到侦查机关继续冻结通知的，应当立即解除临时冻结。

第二十四条 中国人民银行及其分支机构从事反洗钱工作的人员有下列行为之一的，依法给予行政处分：

（一）违反规定进行检查、调查或者采取临时冻结措施的；

（二）泄露因反洗钱知悉的国家秘密、商业秘密或者个人隐私的；

（三）违反规定对有关机构和人员实施行政处罚的；

（四）其他不依法履行职责的行为。

第二十五条 金融机构违反本规定的，由中国人民银行或者其地市中心支行以上分支机构按照《中华人民共和国反洗钱法》第三十一条、第三十二条的规定进行处罚；区别不同情形，建议中国银行业监督管理委员会、中国证券监督管理委员会或者中国保险监督管理委员会采取下列措施：

（一）责令金融机构停业整顿或者吊销其经营许可证；

（二）取消金融机构直接负责的董事、高级管理人员和其他直接责任人员的任职资格、禁止其从事有关金融行业工作；

（三）责令金融机构对直接负责的董事、高级管理人员和其他直接责任人员给予纪律处分。

中国人民银行县（市）支行发现金融机构违反本规定的，应报告其上一级分支机构，由该分支机构按照前款规定进行处罚或提出建议。

第二十六条 中国人民银行和其地市中心支行以上分支机构对金融机构违反本规定的行为给予行政处罚的,应当遵守《中国人民银行行政处罚程序规定》的有关规定。

第二十七条 本规定自2007年1月1日起施行。2003年1月3日中国人民银行发布的《金融机构反洗钱规定》同时废止。

金融机构反洗钱和反恐怖融资监督管理办法

(2021年4月15日中国人民银行令〔2021〕第3号公布 自2021年8月1日起施行)

第一章 总　则

第一条 为了督促金融机构有效履行反洗钱和反恐怖融资义务,规范反洗钱和反恐怖融资监督管理行为,根据《中华人民共和国反洗钱法》《中华人民共和国中国人民银行法》《中华人民共和国反恐怖主义法》等法律法规,制定本办法。

第二条 本办法适用于在中华人民共和国境内依法设立的下列金融机构:

（一）开发性金融机构、政策性银行、商业银行、农村合作银行、农村信用合作社、村镇银行；

（二）证券公司、期货公司、证券投资基金管理公司；

（三）保险公司、保险资产管理公司；

（四）信托公司、金融资产管理公司、企业集团财务公司、金融租赁公司、汽车金融公司、消费金融公司、货币经纪公司、贷款公司、银行理财子公司；

（五）中国人民银行确定并公布应当履行反洗钱和反恐怖融资义务的其他金融机构。

非银行支付机构、银行卡清算机构、资金清算中心、网络小额贷款公司以及从事汇兑业务、基金销售业务、保险专业代理和保险经纪业务的机构，适用本办法关于金融机构的监督管理规定。

第三条 中国人民银行及其分支机构依法对金融机构反洗钱和反恐怖融资工作进行监督管理。

第四条 金融机构应当按照规定建立健全反洗钱和反恐怖融资内部控制制度，评估洗钱和恐怖融资风险，建立与风险状况和经营规模相适应的风险管理机制，搭建反洗钱信息系统，设立或者指定部门并配备相应人员，有效履行反洗钱和反恐怖融资义务。

第五条 对依法履行反洗钱和反恐怖融资职责或者义务获得的客户身份资料和交易信息，应当予以保密，非依法律规定不得对外提供。

第二章 金融机构反洗钱和反恐怖融资内部控制和风险管理

第六条 金融机构应当按照规定，结合本机构经营规模以及洗钱和恐怖融资风险状况，建立健全反洗钱和反恐怖融资内部控制制度。

第七条 金融机构应当在总部层面建立洗钱和恐怖融资风险自评估制度，定期或不定期评估洗钱和恐怖融资风险，经董事会或者高级管理层审定之日起10个工作日内，将自评估情况报送中国人民银行或者所在地中国人民银行分支机构。

金融机构洗钱和恐怖融资风险自评估应当与本机构经营规模和业务特征相适应，充分考虑客户、地域、业务、交易渠道等方面的风险要素类型及其变化情况，并吸收运用国家洗钱和恐怖融资风险评估报告、监管部门及自律组织的指引等。金融机构在采用新技术、开办新业务或者提供新产品、新服务前，或者其面临的洗钱或者恐怖融资风险发生显著变化时，应当进行洗钱和恐怖融资风险评估。

金融机构应当定期审查和不断优化洗钱和恐怖融资风险评估工作流程和指标体系。

第八条 金融机构应当根据本机构经营规模和已识别出的洗钱和恐怖融资风险状况，经董事会或者高级管理层批准，制定相应的风险管理政策，并根据风险状况变化和控制措施执行情况及时调整。

金融机构应当将洗钱和恐怖融资风险管理纳入本机构全面风险管理体系，覆盖各项业务活动和管理流程；针对识别的较高风险情形，应当采取强化措施，管理和降低风险；针对识别的较低风险情形，可以采取简化措施；超出金融机构风险控制能力的，不得与客户建立业务关系或者进行交易，已经建立业务关系的，应当中止交易并考虑提交可疑交易报告，必要时终止业务关系。

第九条 金融机构应当设立专门部门或者指定内设部门牵头开展反洗钱和反恐怖融资管理工作。

金融机构应当明确董事会、监事会、高级管理层和相关部门的反洗钱和反恐怖融资职责，建立相应的绩效考核和奖惩机制。

金融机构应当任命或者授权一名高级管理人员牵头负责反洗钱和反恐怖融资管理工作，并采取合理措施确保其独立开展工作以及充分获取履职所需权限和资源。

金融机构应当根据本机构经营规模、洗钱和恐怖融资风险状况和业务发展趋势配备充足的反洗钱岗位人员，采取适当措施确保反洗钱岗位人员的资质、经验、专业素质及职业道德符合要求，制定持续的反洗钱和反恐怖融资培训计划。

第十条　金融机构应当根据反洗钱和反恐怖融资工作需要，建立和完善相关信息系统，并根据风险状况、反洗钱和反恐怖融资工作需求变化及时优化升级。

第十一条　金融机构应当建立反洗钱和反恐怖融资审计机制，通过内部审计或者独立审计等方式，审查反洗钱和反恐怖融资内部控制制度制定和执行情况。审计应当遵循独立性原则，全面覆盖境内外分支机构、控股附属机构，审计的范围、方法和频率应当与本机构经营规模及洗钱和恐怖融资风险状况相适应，审计报告应当向董事会或者其授权的专门委员会提交。

第十二条　金融机构应当在总部层面制定统一的反洗钱和反恐怖融资机制安排，包括为开展客户尽职调查、洗钱和恐怖融资风险管理，共享反洗钱和反恐怖融资信息的制度和程序，并确保其所有分支机构和控股附属机构结合自身业务特点有效执行。

金融机构在共享和使用反洗钱和反恐怖融资信

息方面应当依法提供信息并防止信息泄露。

第十三条　金融机构应当要求其境外分支机构和控股附属机构在驻在国家（地区）法律规定允许的范围内，执行本办法；驻在国家（地区）有更严格要求的，遵守其规定。

如果本办法的要求比驻在国家（地区）的相关规定更为严格，但驻在国家（地区）法律禁止或者限制境外分支机构和控股附属机构实施本办法的，金融机构应当采取适当的补充措施应对洗钱和恐怖融资风险，并向中国人民银行报告。

第十四条　金融机构应当按照规定，结合内部控制制度和风险管理机制的相关要求，履行客户尽职调查、客户身份资料和交易记录保存、大额交易和可疑交易报告等义务。

第十五条　金融机构应当按照中国人民银行的规定报送反洗钱和反恐怖融资工作信息。金融机构应当对相关信息的真实性、完整性、有效性负责。

第十六条　在境外设有分支机构或控股附属机构的，境内金融机构总部应当按年度向中国人民银行或者所在地中国人民银行分支机构报告境外分支机构或控股附属机构接受驻在国家（地区）反洗钱和反恐怖融资监管情况。

第十七条 发生下列情况的，金融机构应当按照规定及时向中国人民银行或者所在地中国人民银行分支机构报告：

（一）制定或者修订主要反洗钱和反恐怖融资内部控制制度的；

（二）牵头负责反洗钱和反恐怖融资工作的高级管理人员、牵头管理部门或者部门主要负责人调整的；

（三）发生涉及反洗钱和反恐怖融资工作的重大风险事项的；

（四）境外分支机构和控股附属机构受到当地监管当局或者司法部门开展的与反洗钱和反恐怖融资相关的执法检查、行政处罚、刑事调查或者发生其他重大风险事件的；

（五）中国人民银行要求报告的其他事项。

第三章　反洗钱和反恐怖融资监督管理

第十八条　中国人民银行及其分支机构应当遵循风险为本和法人监管原则，合理运用各类监管方法，实现对不同类型金融机构的有效监管。

中国人民银行及其分支机构可以向国务院金融监督管理机构或者其派出机构通报对金融机构反洗钱和反恐怖融资监管情况。

第十九条　根据履行反洗钱和反恐怖融资职责的需要，中国人民银行及其分支机构可以按照规定程序，对金融机构履行反洗钱和反恐怖融资义务的情况开展执法检查。

中国人民银行及其分支机构可以对其下级机构负责监督管理的金融机构进行反洗钱和反恐怖融资执法检查，可以授权下级机构检查由上级机构负责监督管理的金融机构。

第二十条　中国人民银行及其分支机构开展反洗钱和反恐怖融资执法检查，应当依据现行反洗钱和反恐怖融资规定，按照中国人民银行执法检查有关程序规定组织实施。

第二十一条　中国人民银行及其分支机构应当根据执法检查有关程序规定，规范有效地开展执法检查工作，重点加强对以下机构的监督管理：

（一）涉及洗钱和恐怖融资案件的机构；

（二）洗钱和恐怖融资风险较高的机构；

（三）通过日常监管、受理举报投诉等方式，发现存在重大违法违规线索的机构；

（四）其他应当重点监管的机构。

第二十二条　中国人民银行及其分支机构进入金融机构现场开展反洗钱和反恐怖融资检查的，按照规定可以询问金融机构工作人员，要求其对监管事项作出说明；查阅、复制文件、资料，对可能被转移、隐匿或者销毁的文件、资料予以封存；查验金融机构运用信息化、数字化管理业务数据和进行洗钱和恐怖融资风险管理的系统。

第二十三条　中国人民银行及其分支机构应当根据金融机构报送的反洗钱和反恐怖融资工作信息，

结合日常监管中获得的其他信息，对金融机构反洗钱和反恐怖融资制度的建立健全情况和执行情况进行评价。

第二十四条 为了有效实施风险为本监管，中国人民银行及其分支机构应当结合国家、地区、行业的洗钱和恐怖融资风险评估情况，在采集金融机构反洗钱和反恐怖融资信息的基础上，对金融机构开展风险评估，及时、准确掌握金融机构洗钱和恐怖融资风险状况。

第二十五条 为了解金融机构洗钱和恐怖融资风险状况，中国人民银行及其分支机构可以对金融机构开展洗钱和恐怖融资风险现场评估。

中国人民银行及其分支机构开展现场风险评估应当填制《反洗钱监管审批表》（附1）及《反洗钱监管通知书》（附2），经本行（营业管理部）行长（主任）或者分管副行长（副主任）批准后，至少提前5个工作日将《反洗钱监管通知书》送达被评估的金融机构。

中国人民银行及其分支机构可以要求被评估的

金融机构提供必要的资料数据，也可以现场采集评估需要的信息。

在开展现场风险评估时，中国人民银行及其分支机构的反洗钱工作人员不得少于2人，并出示合法证件。

现场风险评估结束后，中国人民银行及其分支机构应当制发《反洗钱监管意见书》（附3），将风险评估结论和发现的问题反馈被评估的金融机构。

第二十六条　根据金融机构合规情况和风险状况，中国人民银行及其分支机构可以采取监管提示、约见谈话、监管走访等措施。在监管过程中，发现金融机构存在较高洗钱和恐怖融资风险或者涉嫌违反反洗钱和反恐怖融资规定的，中国人民银行及其分支机构应当及时开展执法检查。

第二十七条　金融机构存在洗钱和恐怖融资风险隐患，或者反洗钱和反恐怖融资工作存在明显漏洞，需要提示金融机构关注的，经中国人民银行或其分支机构反洗钱部门负责人批准，可以向该金融机构发出《反洗钱监管提示函》（附4），要求其采取必要的管控措施,督促其整改。

金融机构应当自收到《反洗钱监管提示函》之日起20个工作日内,经本机构分管反洗钱和反恐怖融资工作负责人签批后作出书面答复;不能及时作出答复的,经中国人民银行或者其所在地中国人民银行分支机构同意后,在延长时限内作出答复。

第二十八条 根据履行反洗钱和反恐怖融资职责的需要,针对金融机构反洗钱和反恐怖融资义务履行不到位、突出风险事件等重要问题,中国人民银行及其分支机构可以约见金融机构董事、监事、高级管理人员或者部门负责人进行谈话。

第二十九条 中国人民银行及其分支机构进行约见谈话前,应当填制《反洗钱监管审批表》及《反洗钱监管通知书》。约见金融机构董事、监事、高级管理人员,应当经本行(营业管理部)行长(主任)或者分管副行长(副主任)批准;约见金融机构部门负责人的,应当经本行(营业管理部)反洗钱部门负责人批准。

《反洗钱监管通知书》应当至少提前2个工作

日送达被谈话机构。情况特殊需要立即进行约见谈话的，应当在约见谈话现场送达《反洗钱监管通知书》。

约见谈话时，中国人民银行及其分支机构反洗钱工作人员不得少于2人。谈话结束后，应当填写《反洗钱约谈记录》（附5）并经被谈话人签字确认。

第三十条 为了解、核实金融机构反洗钱和反恐怖融资政策执行情况以及监管意见整改情况，中国人民银行及其分支机构可以对金融机构开展监管走访。

第三十一条 中国人民银行及其分支机构进行监管走访前，应当填制《反洗钱监管审批表》及《反洗钱监管通知书》，由本行（营业管理部）行长（主任）或者分管副行长（副主任）批准。

《反洗钱监管通知书》应当至少提前5个工作日送达金融机构。情况特殊需要立即实施监管走访的，应当在进入金融机构现场时送达《反洗钱监管通知书》。

监管走访时，中国人民银行及其分支机构反洗钱工作人员不得少于2人，并出示合法证件。

中国人民银行及其分支机构应当做好监管走访记录，必要时，可以制发《反洗钱监管意见书》。

第三十二条　中国人民银行及其分支机构应当持续跟踪金融机构对监管发现问题的整改情况，对于未合理制定整改计划或者未有效实施整改的，可以启动执法检查或者进一步采取其他监管措施。

第三十三条　中国人民银行分支机构对金融机构分支机构依法实施行政处罚，或者在监管过程中发现涉及金融机构总部的重大问题、系统性缺陷的，应当及时将处罚决定或者监管意见抄送中国人民银行或者金融机构总部所在地中国人民银行分支机构。

第三十四条　中国人民银行及其分支机构监管人员违反规定程序或者超越职权规定实施监管的，金融机构有权拒绝或者提出异议。金融机构对中国人民银行及其分支机构提出的违法违规问题有权提出申辩，有合理理由的，中国人民银行及其分支机构应当采纳。

第四章　法　律　责　任

第三十五条　中国人民银行及其分支机构从事反洗钱工作的人员，违反本办法有关规定的，按照《中华人民共和国反洗钱法》第三十条的规定予以处分。

第三十六条　金融机构违反本办法有关规定的，由中国人民银行或者其地市中心支行以上分支机构按照《中华人民共和国反洗钱法》第三十一条、第三十二条的规定进行处理；区别不同情形，建议国务院金融监督管理机构依法予以处理。

中国人民银行县（市）支行发现金融机构违反本规定的，应报告其上一级分支机构，由该分支机构按照前款规定进行处理或提出建议。

第五章　附　　　则

第三十七条　金融集团适用本办法第九条第四款、第十一条至第十三条的规定。

第三十八条　本办法由中国人民银行负责解释。

第三十九条　本办法自 2021 年 8 月 1 日起施行。本办法施行前有关反洗钱和反恐怖融资规定与本办法不一致的，按照本办法执行。《金融机构反洗钱监督管理办法（试行）》（银发〔2014〕344 号文印发）同时废止。

附：

1. 反洗钱监管审批表
2. 反洗钱监管通知书
3. 反洗钱监管意见书
4. 反洗钱监管提示函
5. 反洗钱约谈记录

附1

中国人民银行　　　行（营业管理部）
反洗钱监管审批表

反洗钱_____〔　　〕　　号

<table>
<tr><td rowspan="9">反洗钱监管立项申请内容</td><td>项目名称</td><td></td></tr>
<tr><td>监管理由</td><td></td></tr>
<tr><td>监管依据</td><td></td></tr>
<tr><td>监管对象</td><td></td></tr>
<tr><td>监管内容</td><td></td></tr>
<tr><td>监管期限</td><td>年　　月　　日至　　年　　月　　日</td></tr>
<tr><td>监管方式
（在对应项后打√）</td><td>约见谈话□　现场风险评估□　监管走访□</td></tr>
<tr><td>监管实施时间</td><td>年　　月　　日至　　年　　月　　日</td></tr>
<tr><td>监管人员</td><td>监管组组长：
监管组成员：</td></tr>
<tr><td colspan="2">备注</td><td></td></tr>
<tr><td rowspan="2">审批情况</td><td>部门负责人
签字</td><td></td></tr>
<tr><td>行（营业管理部）领导
审批签字</td><td></td></tr>
</table>

附 2

中国人民银行　　　行（营业管理部）
反洗钱监管通知书

反洗钱_____〔　　〕　　号

（监管对象名称）：

依据《中华人民共和国反洗钱法》《中华人民共和国中国人民银行法》_____等法律法规，我行（营业管理部）对你单位实施反洗钱监管，现将有关事项通知如下：

监管方式：约见谈话□　监管走访□　现场风险评估□

（在对应项后打√）

监管内容：

监管期限：

监管实施时间：　年　月　日至　年　月　日

监管组组长：

监管组成员：

所需你单位提供的数据、资料：

请你单位配合监管工作，并提供必要的工作条件。

(公章)

年　　月　　日

备注：本通知书一式两份，监管机构一份，监管对象一份。

附 3

中国人民银行　　　行（营业管理部）
反洗钱监管意见书

反洗钱_____〔　　〕　　号

（监管对象名称）：

　　我行（营业管理部）_____于　　年　　月　　日至　　年　　月　　日对你单位实施了反洗钱监管（现场风险评估□　监管走访□）活动，特此提出如下监管意见：

_____

_____

_____

_____

（公章）

年　　月　　日

附 4

中国人民银行　　　行（营业管理部）
反洗钱监管提示函

　　　　反洗钱_____〔　〕　号

（监管对象名称）：

　　我行（营业管理部）在反洗钱监管中发现你单位存在以下问题，特此提示：

_____

_____

_____

_____

_____

_____

（公章）

年　月　日

附 5

中国人民银行　　　行（营业管理部）
反洗钱约谈记录

时　间		地　点	
谈话对象	机构名称：		
	被谈话人员及职务：		
监管人员		记录人	

谈话内容：

谈话人：　（签字）　　　　　　　　　　被谈话人：　（签字）

证券期货业反洗钱工作实施办法

(2010年2月11日中国证券监督管理委员会第269次主席办公会议审议通过 根据2022年8月12日中国证券监督管理委员会《关于修改、废止部分证券期货规章的决定》修正)

第一章 总 则

第一条 为进一步配合国务院反洗钱行政主管部门加强证券期货业反洗钱工作,有效防范证券期货业洗钱和恐怖融资风险,规范行业反洗钱监管行为,推动证券期货经营机构认真落实反洗钱工作,维护证券期货市场秩序,根据《中华人民共和国反洗钱法》(以下简称《反洗钱法》)、《中华人民共和国证券法》、《中华人民共和国证券投资基金法》、《中华人民共和国期货和衍生品法》及《期货交易管理条例》等法律法规，制定本办法。

第二条　本办法适用于中华人民共和国境内的证券期货业反洗钱工作。

从事基金销售业务的机构在基金销售业务中履行反洗钱责任适用本办法。

第三条　中国证券监督管理委员会（以下简称证监会）依法配合国务院反洗钱行政主管部门履行证券期货业反洗钱监管职责，制定证券期货业反洗钱工作的规章制度，组织、协调、指导证券公司、期货公司和基金管理公司（以下简称证券期货经营机构）的反洗钱工作。

证监会派出机构按照本办法的规定，履行辖区内证券期货业反洗钱监管职责。

第四条　中国证券业协会和中国期货业协会依照本办法的规定，履行证券期货业反洗钱自律管理职责。

第五条　证券期货经营机构应当依法建立健全

反洗钱工作制度，按照本办法规定向当地证监会派出机构报送相关信息。证券期货经营机构发现证券期货业内涉嫌洗钱活动线索，应当依法向反洗钱行政主管部门、侦查机关举报。

第二章 监管机构及行业协会职责

第六条 证监会负责组织、协调、指导证券期货业的反洗钱工作，履行以下反洗钱工作职责：

（一）配合国务院反洗钱行政主管部门研究制定证券期货业反洗钱工作的政策、规划，研究解决证券期货业反洗钱工作重大和疑难问题，及时向国务院反洗钱行政主管部门通报反洗钱工作信息；

（二）参与制定证券期货经营机构反洗钱有关规章，对证券期货经营机构提出建立健全反洗钱内控制度的要求，在证券期货经营机构市场准入和人员任职方面贯彻反洗钱要求；

（三）配合国务院反洗钱行政主管部门对证券期货经营机构实施反洗钱监管；

（四）会同国务院反洗钱行政主管部门指导中国证券业协会、中国期货业协会制定反洗钱工作指引，开展反洗钱宣传和培训；

（五）研究证券期货业反洗钱的重大问题并提出政策建议；

（六）及时向侦查机关报告涉嫌洗钱犯罪的交易活动，协助司法部门调查处理涉嫌洗钱犯罪案件；

（七）对派出机构落实反洗钱监管工作情况进行考评，对中国证券业协会、中国期货业协会落实反洗钱工作进行指导；

（八）法律、行政法规规定的其他职责。

第七条 证监会派出机构履行以下反洗钱工作职责：

（一）配合当地反洗钱行政主管部门对辖区证券期货经营机构实施反洗钱监管，并建立信息交流机制；

（二）定期向证监会报送辖区内半年度和年度反洗钱工作情况，及时报告辖区证券期货经营机构受反洗钱行政主管部门检查或处罚等信息及相关重大事件；

（三）组织、指导辖区证券期货业的反洗钱培训和宣传工作；

（四）研究辖区证券期货业反洗钱工作问题，并提出改进措施；

（五）法律、行政法规以及证监会规定的其他职责。

第八条 中国证券业协会、中国期货业协会履行以下反洗钱工作职责：

（一）在证监会的指导下，制定和修改行业反洗钱相关工作指引；

（二）组织会员单位开展反洗钱培训和宣传工作；

（三）定期向证监会报送协会年度反洗钱工作报告，及时报告相关重大事件；

（四）组织会员单位研究行业反洗钱工作的相关问题；

（五）法律、行政法规以及证监会规定的其他职责。

第三章　证券期货经营机构反洗钱义务

第九条　证券期货经营机构应当依法履行反洗钱义务，建立健全反洗钱内部控制制度。证券期货经营机构负责人应当对反洗钱内部控制制度的有效实施负责，总部应当对分支机构执行反洗钱内部控制制度进行监督管理，根据要求向当地证监会派出机构报告反洗钱工作开展情况。

第十条　证券期货经营机构应当向当地证监会派出机构报送其内部反洗钱工作部门设置、负责人及专门负责反洗钱工作的人员的联系方式等相关信息。如有变更，应当自变更之日起10个工作日内报送更新后的相关信息。

第十一条　证券期货经营机构应当在发现以下事项发生后的5个工作日内，以书面方式向当地证监会派出机构报告：

（一）证券期货经营机构受到反洗钱行政主管部门检查或处罚的；

（二）证券期货经营机构或其客户从事或涉嫌从事洗钱活动，被反洗钱行政主管部门、侦查机关或者司法机关处罚的；

（三）其他涉及反洗钱工作的重大事项。

第十二条 证券期货经营机构应当按照反洗钱法律法规的要求及时建立客户风险等级划分制度，并报当地证监会派出机构备案。在持续关注的基础上，应适时调整客户风险等级。

第十三条 证券期货经营机构在为客户办理业务过程中，发现客户所提供的个人身份证件或机构资料涉嫌虚假记载的，应当拒绝办理；发现存在可疑之处的，应当要求客户补充提供个人身份证件或机构原件等足以证实其身份的相关证明材料，无法证实的，应当拒绝办理。

第十四条 证券期货经营机构通过销售机构向客户销售基金等金融产品时，应当通过合同、协议或其他书面文件，明确双方在客户身份识别、客户身份资料和交易记录保存与信息交换、大额交易和可疑交易报告等方面的反洗钱职责和程序。

第十五条　证券期货经营机构应当建立反洗钱工作保密制度，并报当地证监会派出机构备案。

反洗钱工作保密事项包括以下内容：

（一）客户身份资料及客户风险等级划分资料；

（二）交易记录；

（三）大额交易报告；

（四）可疑交易报告；

（五）履行反洗钱义务所知悉的国家执法部门调查涉嫌洗钱活动的信息；

（六）其他涉及反洗钱工作的保密事项。

查阅、复制涉密档案应当实施书面登记制度。

第十六条　证券期货经营机构应当建立反洗钱培训、宣传制度，每年开展对单位员工的反洗钱培训工作和对客户的反洗钱宣传工作，持续完善反洗钱的预防和监控措施。每年年初，应当向当地证监会派出机构上报反洗钱培训和宣传的落实情况。

第十七条　证券期货经营机构不遵守本办法有关报告、备案或建立相关内控制度等规定的，证监会及其派出机构可采取责令改正、监管谈话或责令参加培训等监管措施。

第四章 附 则

第十八条 本办法自 2010 年 10 月 1 日起施行。

保险业反洗钱工作管理办法

(2011年9月13日 保监发〔2011〕52号)

第一章 总 则

第一条 为做好保险业反洗钱工作,促进行业持续健康发展,根据《中华人民共和国反洗钱法》、《中华人民共和国保险法》等有关法律法规、部门规章和规范性文件,制定本办法。

第二条 中国保险监督管理委员会(以下简称"中国保监会")根据有关法律法规和国务院授权,履行保险业反洗钱监管职责。

中国保监会派出机构根据本办法的规定,在中国保监会授权范围内履行反洗钱监管职责。

第三条 本办法适用于保险公司、保险资产管理公司及其分支机构，保险专业代理公司、保险经纪公司及其分支机构，金融机构类保险兼业代理机构。

第二章　保险监管职责

第四条　中国保监会组织、协调、指导保险业反洗钱工作，依法履行下列反洗钱职责：

（一）参与制定保险业反洗钱政策、规划、部门规章，配合国务院反洗钱行政主管部门对保险业实施反洗钱监管；

（二）制定保险业反洗钱监管制度，对保险业市场准入提出反洗钱要求，开展反洗钱审查和监督检查；

（三）参加反洗钱监管合作；

（四）组织开展反洗钱培训宣传；

（五）协助司法机关调查处理涉嫌洗钱案件；

（六）其他依法履行的反洗钱职责。

第五条　中国保监会派出机构在中国保监会授权范围内，依法履行下列反洗钱职责：

（一）制定辖内保险业反洗钱规范性文件，开展反洗钱审查和监督检查；

（二）向中国保监会报告辖内保险业反洗钱工作情况；

（三）参加辖内反洗钱监管合作；

（四）组织开展辖内保险业反洗钱培训宣传；

（五）协助司法机关调查处理涉嫌洗钱案件；

（六）中国保监会授权的其他反洗钱职责。

第三章 保险业反洗钱义务

第六条 保险公司、保险资产管理公司和保险专业代理公司、保险经纪公司应当以保单实名制为基础，按照客户资料完整、交易记录可查、资金流转规范的工作原则，切实提高反洗钱内控水平。

第七条 申请设立保险公司、保险资产管理公司应当符合下列反洗钱条件：

（一）投资资金来源合法；

（二）建立了反洗钱内控制度；

（三）设置了反洗钱专门机构或指定内设机构负责反洗钱工作；

（四）配备了反洗钱机构或岗位人员，岗位人员接受了必要的反洗钱培训；

（五）信息系统建设满足反洗钱要求；

（六）中国保监会规定的其他条件。

第八条 设立保险公司、保险资产管理公司的申请文件中应当包括下列反洗钱材料：

（一）投资资金来源情况说明和投资资金来源合法的声明；

（二）反洗钱内控制度；

（三）反洗钱机构设置报告；

（四）反洗钱机构或岗位人员配备情况及岗位人员接受反洗钱培训情况的报告；

（五）信息系统反洗钱功能报告；

（六）中国保监会规定的其他材料。

申请设立保险公司、保险资产管理公司，可以在筹建申请和开业申请中分阶段提交上述各项材料，但最迟应当在提出开业申请时提交完毕。

开业验收阶段，申请人应当按照要求演示反洗钱的组织架构、工作流程、风控管理和信息系统建设等。

第九条 申请设立保险公司、保险资产管理公司分支机构应当符合下列反洗钱条件：

（一）总公司具备健全的反洗钱内控制度并对分支机构具有良好的管控能力；

（二）总公司的信息系统建设能够支持分支机构的反洗钱工作；

（三）拟设分支机构设置了反洗钱专门机构或指定内设机构负责反洗钱工作；

（四）反洗钱岗位人员基本配备并接受了必要的反洗钱培训；

（五）中国保监会规定的其他条件。

第十条 设立保险公司、保险资产管理公司分支机构的申请文件中应当包括下列反洗钱材料：

（一）总公司的反洗钱内控制度；

（二）总公司信息系统的反洗钱功能报告；

（三）拟设分支机构的反洗钱机构设置报告；

（四）拟设分支机构的反洗钱岗位人员配备及接受反洗钱培训情况的报告；

（五）中国保监会规定的其他材料。

第十一条 发生下列情形之一，保险公司、保险资产管理公司应当知悉投资资金来源，提交投资资金来源情况说明和投资资金来源合法的声明：

（一）增加注册资本；

（二）股权变更，但通过证券交易所购买上市机构股票不足注册资本5%的除外；

（三）中国保监会规定的其他情形。

第十二条 保险公司、保险资产管理公司董事、监事、高级管理人员应当了解反洗钱法律法规，接受反洗钱培训，通过保险监管机构组织的包含反洗钱内容的任职资格知识测试。

保险公司、保险资产管理公司董事、监事、高级管理人员任职资格核准申请材料中应当包括接受反洗钱培训情况报告及本人签字的履行反洗钱义务的承诺书。

第十三条 保险公司、保险资产管理公司应当建立健全反洗钱内控制度。

反洗钱内控制度应当包括下列内容：

（一）客户身份识别；

（二）客户身份资料和交易记录保存；

（三）大额交易和可疑交易报告；

（四）反洗钱培训宣传；

（五）反洗钱内部审计；

（六）重大洗钱案件应急处置；

（七）配合反洗钱监督检查、行政调查以及涉嫌洗钱犯罪活动调查；

（八）反洗钱工作信息保密；

（九）反洗钱法律法规规定的其他内容。

保险公司、保险资产管理公司分支机构可以根据总公司的反洗钱内控制度制定本级的实施细则。

第十四条 保险公司、保险资产管理公司应当设立反洗钱专门机构或者指定内设机构，组织开展反洗钱工作。

指定内设机构组织开展反洗钱工作的，应当设立反洗钱岗位。

保险公司、保险资产管理公司应当明确相关业务部门的反洗钱职责,保证反洗钱内控制度在业务流程中贯彻执行。

第十五条 保险公司、保险资产管理公司应当将可量化的反洗钱控制指标嵌入信息系统,使风险信息能够在业务部门和反洗钱机构之间有效传递、集中和共享,满足对洗钱风险进行预警、提取、分析和报告等各项反洗钱要求。

第十六条 保险公司应当依法在订立保险合同、解除保险合同、理赔或者给付等环节对规定金额以上的业务进行客户身份识别。

第十七条 保险公司、保险资产管理公司应当按照客户特点或者账户属性,划分风险等级,并在持续关注的基础上,适时调整风险等级。

第十八条 保险公司、保险资产管理公司应当根据监管要求密切关注涉恐人员名单,及时对本机构客户进行风险排查,依法采取相应措施。

第十九条 保险公司、保险资产管理公司应当依法保存客户身份资料和交易记录,确保能足以重现该项交易，以提供监测分析交易情况、调查可疑交易活动和查处洗钱案件所需的信息。

第二十条 保险公司、保险资产管理公司破产和解散时，应当将客户身份资料和交易记录移交国务院有关部门指定的机构。

第二十一条 保险公司、保险资产管理公司应当依法识别、报告大额交易和可疑交易。

第二十二条 保险公司通过保险专业代理公司、金融机构类保险兼业代理机构开展保险业务时，应当在合作协议中写入反洗钱条款。

反洗钱条款应当包括下列内容：

（一）保险专业代理公司、金融机构类保险兼业代理机构按照保险公司的反洗钱法律义务要求识别客户身份；

（二）保险公司在办理业务时能够及时获得保险业务客户身份信息，必要时，可以从保险专业代理公司、金融机构类保险兼业代理机构获得客户有效身份证件或者其他身份证明文件的复印件或者影印件；

（三）保险公司为保险专业代理公司、金融机构类保险兼业代理机构代其识别客户身份提供培训等必要协助。

保险经纪公司代理客户与保险公司开展保险业务时，应当提供保险公司识别客户身份所需的客户身份信息，必要时，还应当依法提供客户身份证件或者其他身份证明文件的复印件或者影印件。

保险公司承担未履行客户身份识别义务的最终责任，保险专业代理公司、保险经纪公司、金融机构类保险兼业代理机构承担相应责任。

第二十三条 保险公司、保险资产管理公司应当开展反洗钱培训，保存培训课件和培训工作记录。

对本公司人员的反洗钱培训应当包括下列内容：

（一）反洗钱法律法规和监管规定；

（二）反洗钱内控制度、与其岗位职责相应的反洗钱工作要求；

（三）开展反洗钱工作必备的其他知识、技能等。

对保险销售从业人员的反洗钱培训应当包括下列内容：

（一）反洗钱法律法规和监管规定；

（二）反洗钱内控制度；

（三）展业中的反洗钱要求，如提醒客户提供相关信息资料、配合履行反洗钱义务等。

第二十四条 保险公司、保险资产管理公司应当开展反洗钱宣传，保存宣传资料和宣传工作记录。

第二十五条 保险公司、保险资产管理公司应当每年开展反洗钱内部审计，反洗钱内部审计可以是专项审计或者与其他审计项目结合进行。

第二十六条 保险公司、保险资产管理公司应当妥善处置涉及本公司的重大洗钱案件，及时向保险监管机构报告案件处置情况。

第二十七条 保险公司、保险资产管理公司应当配合反洗钱监督检查、行政调查以及涉嫌洗钱犯罪活动的调查，记录并保存配合检查、调查的相关情况。

第二十八条 保险公司、保险资产管理公司及其工作人员应当对依法履行反洗钱义务获得客户身份资料和交易信息予以保密；非依法律规定，不得向任何单位和个人提供。

保险公司、保险资产管理公司及其工作人员应当对报告可疑交易、配合调查可疑交易和涉嫌洗钱犯罪活动等有关信息予以保密，不得违反规定向客户和其他人员提供。

第二十九条 保险专业代理公司、保险经纪公司应当建立反洗钱内控制度，禁止来源不合法资金投资入股。

保险专业代理公司、保险经纪公司高级管理人员应当了解反洗钱法律法规。

第三十条 保险专业代理公司、保险经纪公司应当开展反洗钱培训、宣传，妥善处置涉及本公司的重大洗钱案件，配合反洗钱监督检查、行政调查以及涉嫌洗钱犯罪活动的调查，对依法开展反洗钱的相关信息予以保密。

第四章 监督管理

第三十一条 保险监管机构依法对保险业新设机构、投资入股资金和相关人员任职资格进行反洗钱审查，对不符合条件的，不予批准或者核准。

第三十二条 保险监管机构依法开展反洗钱现场检查与非现场监管。

第三十三条 反洗钱现场检查可以开展专项检查或者与其他检查项目结合进行。

第三十四条 保险监管机构有权根据监管需要，要求保险公司、保险资产管理公司提交反洗钱报告或者专项反洗钱资料。

第三十五条 保险公司、保险资产管理公司发生下列情形之一，保险监管机构可以将其列为反洗钱重点监管对象：

（一）涉嫌从事洗钱或者协助他人洗钱；

（二）受到反洗钱主管部门重大行政处罚；

（三）中国保监会认为需要重点监管的其他情形。

第三十六条 保险公司、保险资产管理公司违反反洗钱法律法规和本办法规定的，由保险监管机构责令限期改正、约谈相关人员或者依法采取其他措施。

第三十七条 保险监管机构根据保险公司、保险资产管理公司反洗钱工作开展情况，调整其在分类监管体系中合规类指标的评分。

第三十八条 保险公司、保险资产管理公司违反本办法规定，达到案件责任追究标准的，应当依法追究案件责任人的责任。

第五章 附 则

第三十九条 中国保监会依法指导中国保险行业协会，制定反洗钱工作指引，开展反洗钱培训宣传。

第四十条 保险公司与非金融机构类保险兼业代理机构的反洗钱合作可以参照本办法。

第四十一条 本办法由中国保监会负责解释。

第四十二条 本办法自2011年10月1日起施行，中国保监会之前反洗钱监管要求与本办法不同的，以本办法为准。